Fredrik Harrysson

Dolt i tiden

Författare och foto: Fredrik Harrysson
Engelsk korrekturläsning: Josefin Nilsson

Förlag: BoD – Books on Demand, Stockholm, Sverige
Tryck: BoD – Books on Demand, Norderstedt, Tyskland

ISBN: 978-91-8027-742-6

Förord

Så blev det nedskrivet till slut detta poetiska alster som jag så länge tänkt göra.

Det är en resa genom tiden, ett sätt att koppla samman nu och då. En tanke att läsaren för en stund ska få tid att reflektera över livets märkligheter, det vi kallar för självklarheter.

En människas liv är ofta för komplext för att förklaras i ord men poesin blir där en brygga för det outtalade.

Min förhoppning är att det osagda skall bli synligt för var och en som läser texten fast på sitt sätt.

Vänliga hälsningar

Fredrik Harrysson

Klockan

Tider tickar, tider tackar

Tider ler, vi förundrat ser

Tider lämnar, vi ber och ämnar

Tider minner, våra liv försvinner

Tider väcker, tider släcker

Tider förvånar, vi dess väsen hånar

Tider tar, det lilla vi har kvar

Tider ryter, våra liv flyter

Bränningens snäcka

Sommaren lämnar sitt avtryck på en öde strand

Din historia syns i din vackra rand

Stormens öga har fört dig till främmande hamn

Din skepnad finns kvar men ingen vet ditt namn

Säden är mogen

Hon vandrar genom landskap av ånga.

Något tär och stegen blir tunga,

när dom vill framåt fast hon dras bakåt.

Hon lever fast säden är mogen.

Förtröstan hörs i hennes röst av guld,

hest men tydligt och med inslag av gemyt.

Hon bär på sin axel en börda av livet.

Det skaver i kroppen av arbetets dagar,

djupt och ont men med vetskap i bröstet.

Drömmar

På natten vi möter skuggornas tolk,

drömmar som skrämmer och tankar som gläder.

På natten vi känner alla dess folk,

fram kommer mödrar och forna fäder.

Vi rör oss i landskap som aldrig setts,

hjälplöst vi greppar vår trygga hand.

Något hastar men vad är det som betts,

ingen som vet men vi hasar i sand.

Vi kämpar och jobbar i sömnens land,

sakta går timmen vid midnatt fram.

Konstig handling och märkliga band,

en hostning i natten det måste va damm.

Rosens stig

Utmed stigar av förväntan växer rosorna vackrare,
dess färger är klara och taggarna mjuka.

I gryningen de doftar honung längs dalen,
inte kraftigt men sobert förnimmande.

Vart stigen leder det endast ödet spå
men rosorna följa den väg som du gå.

Dåtiden

Hur ofta går man inte på vägar av snö,
där steg av människofötter syns som lämningar
från en svunnen tid.

Hur ofta letar man inte i oändlighetens vatten
efter dom vrak som har något att berätta.

Vad vet vi människor om gårdagen
mer än dom spår som hjälplöst lämnats kvar
i en historiens rebus.

Hur tänkte dom, hur kände dom och hur längtade dom
efter det vi kanske ännu inte mött?

Alone with it

You face it alone, with your emotions, your fear

No one left

Who listens, who cares, who was there

Who can stand alone with it, who can live in it

Doesn´t matter

Your anger, your will, the echo screams

No one left

The emptyness shining in the dark like wisdom for the

dumb

Who will save you, who will be there in that moment

You face it alone

En stenmur i juli

Kring stenmuren växer viol och brun torkad lav.

I fjärran hörs ett dovt muller av åska,
luften känns dränerad, fukten dryper.

En humla letar efter sitt hål, bland många hål,
bland många stenar.

Det syns som detta är allt, från en liten horisont,
en begränsad vy av något som är större.

Ett skratt hörs, en glad turist från stranden bortom
blicken.
Vems är rösten, vems är det roligas upphovsman?

Regnet börjar dugga, himlen färgas mörk,

luften blir tung. Sommaren skiftar vidare..

Ett kast

Att kasta tärning och möta en blick
En etta var allt jag fick

Att lita på tur och rullningens val
Nu stiger pulsen i känslornas kval

Att våga och vinna kan alla göra
En röst som jag gärna högt vill höra

Att lyfta sitt glas och satsa sitt allt
Nu tog det slut och det kändes så kallt

Tankar i luften

Tankar i luften över Palma, tankar som letar efter mål,
tankar som ropar över Balearerna.

När stannar längtans vilja,
när stannar den puls som sjunger till vinden?

Ett skepp syns i fjärran,
ett förändrande objekt i sinnets portal.

Havet svallar med värmens andetag,
en våg dör ut mot en gyllene strand.

Allt är vackert men skimrar illusoriskt.
Vad är det som nalkas, vad är det som saknas?

Det dagas över landskapet..

The feeling of nowhere

They eat me up, like tigers around their prey.

The power of beauty, where the goal is predictable.

Behaviors in the dark, in a flow of searching for the

unattainable.

The fingers crossed in their souls of emptiness.

Trying to declare something that is not declarable.

Me, staring out into the universe asking:

– What is it I don´t understand, what?

Ukraina

Det blåser över landskapet,
något känns närmare,
man anar.

Molnen där ute är grå,
utan namn, utan destination,
man förnimmer.

Något i fjärran har angripits,
något är söndrat som isen om våren,
man kan känna.

Rädslan, förtvivlan, ropen,
allt finns där i vinden.
Fångat, hitsänt,
man förstår.

Gå på lina

Att gå på lina genom tillvaron,

treva sig fram med fallet så nära inpå.

Allt är skört men den tunna bron finns där.

Balansen och dess motrörelse alltid närvarande,

målet som sakta glider närmare.

Fokuserat rör sig kroppen mellan tro och fruktan.

Med staven hindrar vi ondskans fall,

staven av motvikt så tunn men av kunskap styrd.

En del kommer fram med tålamod i blick.

Det minerade landskapets oas

När man tassar i det minerade landskapets oas
då tassar man försiktigt.

När orden vägs på den våg som saknar motvikt
då faller himlen i havets djup.

När orken ger upp, när det sista försöket tar vid,
när motorn stannat utan vilja och ork.

När definitionen av slutet är klar,
när spiken är slagen i den kista som är kvar.

Good looking

Good looking people, nice looking dolls.

What determines their fate?

Ögonblicket

Kärleken kommer, kärleken går, allt är i stunden.

Åren vandrar, människor förändras, något rasar i grunden.

Likt blommorna om våren, nysnön i december, dimman i gryningen, allt är i ett fångat nu.

Säg mig vad som är men inte faller itu?

Morgontimma

I tidig morgontimma är själen ren

Inga tankar som förtär sinnets ro

I tidig morgontimma är dagen klen

Inga ljud som stör och i stunden bo

I tidig morgontimma öppnas hjärtats lust

Inga drömmar som begagnar fjärrans vind

I tidig morgontimma öppnas hoppets kust

Inga spår som söndrar gryningens hind

Betraktelser från en balkong i augusti

En dag, en sommar, ett liv, allt flyter sakta vidare.

Med kaffet i handen och en skymning i
antågande väcks uppgivenhetens sorgliga tankar.
Vi vandrar mot stupet fast med förnekelsens bindel.

Vi kan skratta på vår väg genom tiden men allt är
ändå till låns och en viljans chimär.
Vi dansar en tango med hopplösheten..

En stilla bro står i fjärran och väntar medans vi
hoppar runt i tankar om vardag.
Grödan vissnar när sommaren flyr bort.

Vi ser ut över fält av önskan och sjöar av
förhoppningar men tiden går fort och plötsligt står

åldern och bankar.

Domaren står redo och klubban tar höjd.

Valldemossa

Långsamt går stegen i Valldemossas sluttningar,
krävande, kämpande, uppför, uppför.

Värmen påtagligt het, som om det var den sista
sommaren, allt är bränt, allt är torkat.

En blick mot en mosaik, en doft av parfym från
en avlägsen turist, luften darrar.

Vi vandrar över gatornas rundade kalksten,
tittar över olivlundarnas grågröna nyans,
känner det avtryck som Gud allena lämnar i
klosterträdgårdens vackra skuggor.

Tyngden

Vandrar i ett sommarregn,

lätta droppar som berör en skör hud.

Tyngden av en illusorisk kärlek,

axlar hänger som träd vid torka.

En tärande vandring i melankoli,

en uppgivenhetens kamp.

En tanke i förvandling,

en kropp som tar stopp.

Den dolde

När mjölken smakar surt, när beskan tar sig in.

När det unkna är det dunkla,
mycket nära och dolt.

Det går inte att ta på, det går inte att förnimma
men det finns.

Bortom påverkan, bortom det nåbara
men det omringar.

Rysningen i själen, den sega luften,
något vandrar vid min sida.

Tankar kommer men bearbetas inte,
dom är svarta, smekande och falska.

Ett steg

Med trevande steg och strävan mot hägring

Bunden av historien med skiftande fägring

Hoppet, livet, drömmarna, vart tog du vägen

Allt är suddigt i svekets sägen

När allt är förtärt och själen ropar i brand

Vem finns för dig och greppar din hand

Tankar i ringar utan mål och tröst

När släpper du mitt vemods jobbiga höst

Midsommar

Klockorna tickar i otakt, mullret av åska i horisonten.

Det finns en irriterad väntan där bortom,

smällar hörs och något är bråttom.

Vad skiljer våra viljor och förväntan

från det oväder som dagas i gläntan?

Sakta regnar hoppet om solsken bort,

helgen som vanligt alldeles för kort.

Vem kan räkna allt regn vi haft

som dränerar både lust och kraft?

Vem

Matt av förundran tittar jag över majgrönskans
känslighet.

Allt är melankoliskt, skört, undrande.

Tider som flytt, åren som gått, allt är i rörelse.
Bort, bort mot något.

Vem är kreatören bakom detta illusoriskt flyende,
ständigt balanserande mellan vackert, tomt, snällt, ont
och med tystnadens överinseende?

I ett blåsigt Tylösand

Tomma stränder, ett tomt Tylösand, en halvtom bar
och ett hav i uppror.

Vinden viner över klittornas kullar,
ödsligheten gör sig extra påmind mitt i semestertid.

En tom plastmugg snubblar över en tom petflaska
som rör sig vidare mot tomma läktare
som längtar efter att fyllas av den mänsklighet som
saknas.

Det visslar i någon av strandens flaggstänger,
det luktar tång och hav.
Jag kastar en blick över nyponsnåren och letar vidare..

Konsten

Jakten på konstens djupaste väsen,
nyanser i grönt, så framträder gräsen.

En lycka i stunden när tankarna anar,
något vitt på duken, nu bildas det svanar.

När allt är komplext och i ett suddigt sken,
nu framträder en kvinna med kropp och ben.

Vi skapar ett tankens roliga spratt
när vi oss ana något lekfullt och glatt.

Inget bild håller sinnet slött
fastän vi vilsamt tittar förstrött.

Världen måhända är skev på ett sätt

men i tavlan blir motivet så lekande lätt.

Låt mig slippa

Allt ter sig självklart med ålderns ögon

Som ständiga repriser floskler haglar

Den unges förundran får den gamle att le

Låt mig slippa om jag får be

När allt är sagt i en värld av upprepning

Alla säger samma när drevet har gått

Någon imponerar medans andra härmar

Se upp min vän du dumheten närmar

The memories is behind

When the bird is flying
When the demons are crying
When the treachery is on the road
and the memories are in the mood

When you hold your hands against your eyes
you could not see the truth for miles
The destiny is your friend you say
Tell me why I am not in your way

From soul to soul you will go to find
that ghost who left you in your childhood behind
You are searching for gold but finding a stone
You will always be standing outside alone

This is the key that the jester suggests

You don't understand but it's just a test

When the tigers enter the lonely arena
you are helplessly left like a fooled hyena

Tonen

Att spela på långsamhetens toner
får musiken att dansa i takt.

Lyssna till trädens knarranden, stegen i trapporna,
gräset som sjunger.

Att ta in dom dofter som sipprar genom varma gränder,
daggen om morgonen, spindeln på bjälken.

Känna regnets droppar mot en kall kind,
vågorna mot hällen, blomman på bordet.

Tisdag igen och igen

Tänder en cigarett och observerar lidelsefullt att
livet flyter långsamt vidare.

Knappt hörbart hasar någon utanför lägenhetsdörren,
uppgivenhet hörs i stegen.

Nedstämd av gårdagen insikter tar jag
ännu ett bloss och hostar i takt till musiken,
kan det va Dylan, absolut..

När kommer ljuset, när kommer våren bland dessa
sena åren? Tankarna frodas..

Det finns en nyans av tomhet i det ändliga
men hopp i det oändliga.

Någon ropar där ute, störande men på något sätt befriande.

Allt rullar vidare, tisdagen närmar sig slutet..

Tankens kammare

Ingen hör dina tysta ord som ropar

Ingen ser det osagdas esplanad

Ingen känner det tystas gränsland

Instängd, avskärmad, vill ut

När orden tystnat, när inget blir sagt

När tanken hintar likt fyren om natten

När ekot från det som var är fångat i den eviga frostens

barriär

Instängd, avskärmad vill ut

Åkern

Köpa, leta och ständigt förvandla.

Stressa, skynda och aldrig hinna.

Kasta, pressa och alltid förhandla.

Förnya, sträva och alltid vinna.

Att vårda den åker där begäret är sått

kostar livet dess mening och inget är nått.

Steps in the snow

Walking along the streets at dawn,

no one there, emptiness talking.

Feeling the smell of history,

feeling the time go by.

A man behind a door, listening carefully.

An old lady leaving a table in a window.

Outside it's cold, the temperature falling.

Steps in the snow, forever behind you.

Medeltida klostret

En viskning från historien, ett stilla vemod kring
pelare och murgröna.

Här vandrade fromhetens män i koncentrerad
tanke och bön.

Här vandrar vi, lyssnande till den moderna tidens
sekulariserade strävan.

Vad kan kalkstenarna i ett solljus berätta?

Vems steg tycks höras längs valv och salar?

Åren tackar för sig

Nyss var vi unga, dansade in framtiden
Nyss var vi studenter, då i samtiden

Nyss var färgerna klara, brokiga och ljusa
Nyss var våra planer hopplöst diffusa

Nyss festade vi i ungdomens timme
Nyss var allt så roligt men nu bara ett minne

Skål kära ungdom!

Sökaren

Tankar strömmar, jag söker svar.
Verkligheten finns men är olika hos envar.

Jag söker se genom tiden efter det land där inget är.

Jag söker känna efter det tomrum som var och en bär.

Mod

Tanken och handlandet i ostämd dissonans.
Viljan fanns men stoppades i sitt mod,
där det ensamt i sin skugga stod.

Att våga är att bära en förhoppningens skatt.
Bara att göra säger dom käcka monotont i kör,
med sin kyla är allt man hör.

Man vässar och kämpar med sin inre monolog.
Nu skall det göras riktigt och alldeles rätt,
argumenten dör ut likt en bäck så lätt.

Kanske kommer det någon gång att gå.
Försöka att fånga den framgång man sakna,
idéerna är ohjälpligt tomma och nakna.

Det onåbara

Går sakta fram på funderingarnas stig..
Vart leder du, vart för du mig?

Terrängen finns, det vackra finns, möjligheterna finns
men inte åtkomliga.

Som en glasfasad mellan tankens stig och
verklighetens landskap kan man bara ana
det något därute.

Väggen är total, verkligheten vidunderligt brutal.

Höst

När allt är sagt, landskapet tappat sin skrud.

Då dånar hösten, välkommen ensamhetens brud.

Kärleken

Att möta kärleken är att möta det vackra

Som en brand om våren i skog av torka

Att möta kärleken är att dela det svåra

När den slocknar är det svårt att orka

Att möta kärleken är att se det fina

Som att upptäcka korall i ett hav av nåd

Att möta kärleken är att känna värme

När den finns behövs inga goda råd

Ett isflak om våren

Spröd är din kant, skör är din is

Borta är tyngden som skapade kris

I vågorna du flyta mot en skimrande vår

Allt blir nytt och du fäller en tår

Köld

Det ligger is över havet.
Klocktornet från domkyrkan reslig och stolt.
Kylan är mild, grå och karg.
Visby vakar över bistra stränder.

Vinden härjar hårt i håret.
Det blåser förändring där borta men inte här.
Det är svunnit, ödsligt och tomt.
Klackarna trampar i gatstenens ålder.

Stadens kamp mot det nya.
Tankarna strömmar rena i vintriga gränder.
En man tittar upp, ler och lämnar.
Ett löv blåser bort saknad av ingen.